DAS RUSSISCHE KOCHBUCH

Impressum

Das russische Kochbuch
Copyright © by area verlag gmbh, Erftstadt
Alle Rechte vorbehalten
Autorin: Gisela Muhr
Lektorat & Projektmanagement: Christina Kuhn, Köln
Foodfotos: Paul LeClaire
Länderfotos: Image Direkt, Digital Vision, corbis, fotodisc, stockbyte,
Jens Hertling, Daniela Gille
Layout: Peter Mebus für Nova Libra, Köln
Satz: ce redaktionsbüro für digitales publizieren, Heinsberg
Umschlaggestaltung: Sabine Rummel für Nova Libra, Köln

Printed in Poland 2004

ISBN 3-89996-049-1

Vorwort

Die russische Küche ist, nicht zuletzt durch die Größe des Landes und den damit verbundenen Einflüssen, sehr vielfältig.

In der heutigen Form wird in Russland seit etwa hundert Jahren gekocht.

Backen, Kochen, Schmoren und eingelegtes Gemüse

Wegen der Kälte im Winter hatten die Häuser große Öfen, auf denen die Bewohner schliefen. Aus praktischen Gründen wurden diese Öfen auch zum Kochen benutzt. Im Sommer dagegen ließen sie sich auch nur teilweise beheizen und wurden lediglich zum Kochen verwendet. Daher entwickelten sich Speisen, die durch Kochen, Backen und Schmoren zubereitet wurden – das Braten und das Grillen waren praktisch unbekannt. Die Vorräte für den langen Winter bestanden meistens aus getrockneten Früchten und Pilzen und aus in Lake eingelegtem Gemüse, das durch die natürliche Gärung der Milchsäure lange haltbar wurde. Noch heute haben die Russen eine große Vorliebe für eingelegtes Gemüse aller Art.

Eine weitere wichtige Nahrungsgrundlage bildete dunkles Roggenbrot aus Sauerteig. Weizen wurde erst nach dem 14. Jahrhundert bekannt, und in der Folge entwickelten sich Backwaren aus einer Mischung aus Weizen- und Roggenmehl. Aus dieser Zeit stammt auch die Vorliebe der Russen für Aufläufe, Suppen und Eintöpfe mit viel frischem Gemüse und Fleisch.

Betrachtet man die heutige russische Küche, so ist festzustellen, dass die Ernährung eher einseitig ist. Viele Lebensmittel sind rationiert, und im Winter ist frisches Gemüse oft nur schwer zu bekommen.

Auch Milchprodukte sind manchmal knapp. Daher bilden kohlen-hydratreiche Zutaten wie Brot und Teigwaren die Basis der heutigen Küche.

Die russischen Kochtradionen

Russlands Küche ist stark beeinflusst durch die Auswirkungen der russischen Traditionen sowie der russisch-orthodoxen Kirche. Zum orthodoxen Osterfest sind wahre Kochfeste die Regel. Über eine Woche lang werden Vorbereitungen für das Ostermahl getroffen. So wird in Russland, nicht nur zu Ostern, niemals nur eine Vorspeise serviert.

Ein reichlich gedeckter Tisch mit den verschiedensten kleinen Speisen ist auch für den einfachen Haushalt eine Selbstverständlichkeit.

Viele Speisen werden gefüllt oder gespickt. Eine besondere Delikatesse sind Rote Bete mit Füllung oder das überbackene Rindfleisch.

Guten Morgen!

Schon das Frühstück ist sehr ausgiebig und üppig. Aber es gibt nicht nur Brot, Marmelade und Honig, sondern auch oft salzige Speisen auf der Frühstückstafel. Die Büfetts der russischen Hotels bieten sehr oft Wurst, Schinken, Eier, Käse und manchmal auch Fisch an.

Auch Eierspeisen in vielen Formen − Pfannkuchen, »blini«, süß-salzige Eierspeisen mit Füllung etc. − sind sehr beliebt.

Borschtsch und mehr

Die Hauptgerichte bestehen oft aus Huhn, Fisch oder Fleisch. Eine Reihe von Fleisch- und Fischgerichten wird nicht nur gekocht oder gedünstet, sondern auch gebraten und gebacken, wodurch diese Speisen sehr würzig, aromatisch und saftig schmecken.

Den berühmten Borschtsch gibt es nicht nur gekocht, sondern auch angebraten und gedünstet.

Zur Abrundung der kulinarischen Reise durch die russische Küche kann als Nachtisch jede Form von »blini« ans Herz gelegt werden.

Die Gastfreundschaft

Die Russen sind, ähnlich wie die Südeuropäer, gesellige und sehr gastfreundliche Menschen, die stark in ihren Traditionen verwurzelt sind. Also nimmt man sich Zeit zum Kochen und isst gerne ausgiebig und gut mit Freunden. Dabei darf das legendäre Glas Wodka natürlich nicht fehlen.

Bei den hier zusammengestellten Rezepten handelt es sich nur um einen kleinen Teil der vielfältigen Küche des großen Russlands. Es werden nicht die klassischen Rezepte, sondern auch ausgefallene und schmackhafte Speisen beschrieben, da die russische Küche eben nicht nur aus Kaviar, Borschtsch, Blini und Wodka besteht.

Guten Appetit! – Prijatnogo appetita!

INHALT

INHALT

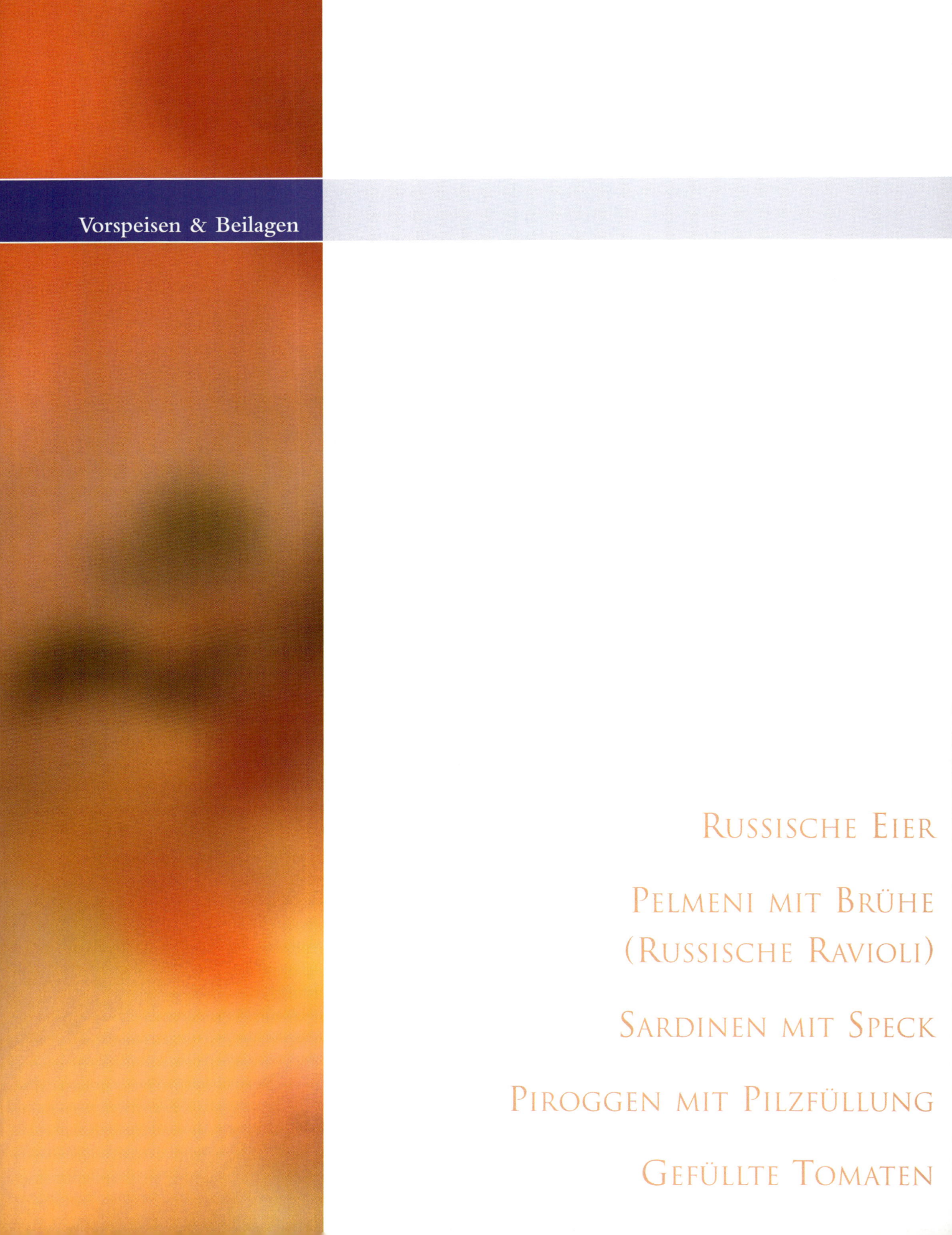

Russische Eier

Pelmeni mit Brühe
(Russische Ravioli)

Sardinen mit Speck

Piroggen mit Pilzfüllung

Gefüllte Tomaten

Vorspeisen & Beilagen

RUSSISCHE EIER

Für 4 Personen
Zubereitungszeit: 15 Min./Kochzeit: 12 Min.

ZUTATEN

8 Eier
1 Gewürzgurke
1 kleine Zwiebel
1 Bund Schnittlauch
85 g Mayonnaise
6 El saure Sahne
1 kleines Glas Kapern
Salz
Pfeffer
Einige Salatblätter

Vorbereitung

Die Eier hart kochen, abschrecken und pellen. Die Gewürzgurke und die Zwiebel in kleine Würfel schneiden. Den Schnittlauch waschen, trockenschütteln und in feine Röllchen schneiden.

Zubereitung

Die Mayonnaise mit der sauren Sahne mischen, Gurken- und Zwiebelwürfel mit den Kapern dazugeben und alles gut verrühren. Mit Salz und Pfeffer abschmecken. Die Eier halbieren.

Servieren

Die Salatblätter auf einer Servierplatte auslegen. Die Mayonnaisemischung auf den Salatblättern verteilen, die Eierhälften auf die Mayonnaise legen und mit den Schnittlauchröllchen bestreut servieren.

INFO

Wer keine Kapern mag, kann diese weglassen und die Eier mit Kaviar belegen. Dies gibt dem Gericht eine besonders edle Note.

PELMENI MIT BRÜHE (RUSSISCHE RAVIOLI)

Für 4 Personen
Zubereitungszeit: 30 Min./Kochzeit: 10 Min.

PELMENI (RUSSISCHE RAVIOLI)

ZUTATEN

2 l Fleischbrühe
2 El gehackte Petersilie

Für die Füllung:
350 g Fleisch
(halb Rind, halb Schwein)
2 Zwiebeln
Salz
Pfeffer

Für den Teig:
1 Ei
250 g Mehl
Salz

INFO

Pelmeni kann man auf verschiedene Weise füllen. Sie sind sowohl mit Pilz- und Fischfüllungen als auch mit einer süßen Füllung, zerlassener Butter und Sahne ein Genuss.

Vorbereitung

Das Fleisch waschen und trockentupfen. Die Zwiebeln schälen und fein hacken. Fleisch und Zwiebelstücke zweimal durch den Fleischwolf drehen.

Zubereitung

Die Fleisch-Zwiebel-Masse mit Salz und Pfeffer würzen und etwas Wasser untermischen. Das Mehl in eine Schüssel sieben. Das Ei, etwa 75 ml Wasser und Salz dazugeben und zu einem festen Teig verkneten. Den Teig auf einer mit Mehl bestreuten Fläche dünn ausrollen und mit einem Trinkglas Kreise ausstechen. Auf die Kreise die Füllung häufen, halbmondförmig falten und an den Rändern festdrücken. Eventuell etwas Eiweiß an die Ränder geben, damit diese nicht aufgehen. Die Pelmeni wenige Sekunden in heißem Wasser schwenken, um das Mehl abzuwaschen. Die Fleischbrühe zum Kochen bringen, die Pelmeni dazugeben und bei mittlerer Hitze etwa 10 Minuten garen lassen.

Servieren

Die Pelmeni auf Tellern anrichten und mit Petersilie bestreut servieren.

12

SARDINEN MIT SPECK

Für 4 Personen
Zubereitungszeit: 10 Min./Koch- & Bratzeit: 15–20 Min.

ZUTATEN

200 g magerer Speck
2 Zwiebeln
1 Bund Dill
2 El Mehl
500 ml Milch
Salz
500 g frische Sardinenfilets
3 El Sahne

Vorbereitung

Den Speck in kleine Würfel schneiden. Die Zwiebeln schälen und fein hacken. Den Dill waschen, trockenschütteln und die Dillspitzen fein hacken.

Zubereitung

Die Speckwürfel in einer hohen Pfanne auslassen, die Zwiebeln dazugeben und goldgelb anbraten. Das Mehl einstreuen und kurz anrösten. Langsam mit der Milch ablöschen. Gut durchrühren und mit Salz würzen. Das Ganze auf kleiner Hitze einkochen lassen. Die Sardinen in die Soße legen und darin etwa 10 Minuten garen lassen. Die Soße gegebenenfalls nochmals mit Salz abschmecken und mit der Sahne verfeinern.

Servieren

Die Sardinen auf einer Platte anrichten, mit der Soße begießen und mit den Dillspitzen bestreut servieren. Dazu schmecken Salzkartoffeln und ein frischer grüner Salat.

PIROGGEN MIT PILZFÜLLUNG

Für 4 Personen
Zubereitungszeit: 50 Min. (ohne Wartezeit)/Backzeit: 15−20 Min.

Vorbereitung

Die Milch leicht erwärmen und die Hefe darin auflösen. Das Mehl in eine Schüssel sieben, in die Mitte eine Mulde drücken und die aufgelöste Hefe, Butter, Zucker, Salz und Ei dazugeben. Alles gut durchkneten, mit einem Leinentuch abdecken, an einen warmen Ort stellen und etwa 45 Minuten gehen lassen. Danach den Teig nochmals gut durchkneten und erneut 15 Minuten warm stellen.
Zwischenzeitlich die Champignons putzen und in Scheiben schneiden. Die Zwiebel schälen und klein würfeln. Die Eier hart kochen, abschrecken, pellen und klein hacken. Petersilie und Dill waschen, trockenschütteln und fein hacken.

Zubereitung

Die Butter in einem Topf erhitzen und die Pilzscheiben mit den Zwiebelwürfeln darin gar dünsten. Mit den klein gehackten Eiern und Kräutern vermengen. Den Schmand zugeben und mit Pfeffer und Salz würzen. Den Backofen auf 220 °C vorheizen. Den Teig aus der Schüssel nehmen und auf einer mit Mehl bestreuten Fläche zu einer Rolle von 5 cm Ø rollen. Dann etwa 2,5 cm breite Scheiben abschneiden und diese einzeln auf eine Größe von etwa 10 cm Ø ausrollen.
Mit einem Esslöffel die Pilzfüllung in die Mitte der Piroggen legen. Die Ränder der Piroggen so zusammendrücken, dass sie die Form eines Schiffchens erhalten.
Die Piroggen mit Eigelb bestreichen und auf ein eingefettetes oder mit Backpapier ausgelegtes Backblech legen. Im Backofen etwa 15−20 Minuten backen.

Servieren

Servieren Sie die Piroggen als Vorspeise oder als Beilage zu Suppen oder Borschtsch.

ZUTATEN

Für den Teig:
250 ml Milch
25 g Hefe
400 g Mehl
150 g Butter
1 El Zucker
1 Prise Salz
1 Ei

Für die Füllung:
500 g Champignons
1 Zwiebel
3 Eier
1 Bund Petersilie
½ Bund Dill
3 El Butter
125 ml Schmand
Pfeffer
Salz
1 Eigelb

INFO

Die Füllung kann beliebig geändert werden. Durch eine Fleisch-, Fisch-, Gemüse-, Quark- oder Käsefüllung erhalten die Piroggen eine jeweils ganz eigene kulinarische Note.

GEFÜLLTE TOMATEN

GEFÜLLTE TOMATEN

Für 4 Personen
Zubereitungszeit: 35 Min./Brat- & Backzeit: 20 Min.

Vorbereitung

Die Tomaten waschen, an der Stielseite aufschneiden und mit einem Löffel vorsichtig aushöhlen. Die Zwiebel schälen, in kleine Würfel schneiden und in etwas Butter goldgelb anrösten. Die Kräuter waschen, trockenschütteln und fein hacken. Eine Auflaufform ausbuttern und den Backofen auf 180 °C vorheizen.

Zubereitung

Das Hackfleisch mit den Zwiebelwürfeln und dem Reis mischen, mit Salz und Pfeffer würzen. Die Tomaten mit der Fleischmasse füllen und in die Auflaufform setzen. Mit Paniermehl bestreuen und mit zerlassener Butter begießen. Die Tomaten in den Backofen geben und etwa 15–20 Minuten backen lassen. In der Zwischenzeit das Mehl für die Soße in heißer Butter anschwitzen und mit heißer Fleischbrühe langsam verrühren. Sahne, Tomatenmark, Salz und Lorbeerblatt dazugeben und kurz aufkochen lassen. Anschließend die Soße durchseihen.

Servieren

Die gefüllten Tomaten auf eine Platte setzen, mit der Soße begießen und mit den Kräutern bestreut servieren.

ZUTATEN

8 große Fleischtomaten
1 Zwiebel
Je ½ Bund Petersilie und Dill
500 g Rinderhackfleisch
2 El gekochter Reis
Salz
Pfeffer
1 El Paniermehl
1 El Butter

Für die Soße:
2 Tl Mehl
2 Tl Butter
500 ml Fleischbrühe (Instant)
3 El saure Sahne
1 El Tomatenmark
Salz
1 Lorbeerblatt

GEMÜSE

BORSCHTSCH

Für 4 Personen
Zubereitungszeit: 40 Min./Kochzeit: 90 Min.

ZUTATEN

1 Rote-Bete-Knolle
500 g Rindfleisch (Brust)
250 g Weißkohl
Salz
2 Kartoffeln
1 Möhre
1 Petersilienwurzel
3 Zwiebeln
4 Tomaten
1 rote Paprikaschote
2 El Butter
1 El Tomatenmark
1 El Zucker
1 El frischer,
fein gehackter Dill
1 El frische,
fein gehackte Petersilie
Pfeffer
2 El saure Sahne

Vorbereitung

Die Rote-Bete-Knolle waschen, in einen Topf mit kochendem Wasser geben und darin etwa 60 Minuten bei mittlerer Hitze gar köcheln lassen. Die Knolle abkühlen lassen, von der Schale befreien und grob raspeln. Zwischenzeitlich das Fleisch waschen und in kochendes Wasser geben und salzen. Ebenfalls bei mittlerer Hitze gar köcheln lassen. Das Fleisch aus dem Topf nehmen und in kleine Stücke schneiden. Die Fleischbrühe beiseite stellen. Den Weißkohl waschen, vom Strunk befreien und in feine Streifen schneiden. Die Weißkohlstreifen in einem ausreichend großen Topf im Salzwasser garen lassen. Die Kartoffeln schälen, waschen, vierteln und gar kochen. Die Möhre schälen und raspeln. Die Petersilienwurzel waschen und fein würfeln. Die Zwiebeln schälen und in kleine Würfelchen schneiden. Die Tomaten heiß überbrühen, die

Haut abziehen, entkernen und klein schneiden. Die Paprikaschote waschen, von den weißen Innenhäuten und den Kernen befreien und in kleine Würfel schneiden.

BORSCHTSCH

Zubereitung

Die Rote Bete, Möhre, Petersilienwurzel und Zwiebeln in einen Topf mit der ausgelassenen Butter geben und 10 Minuten darin dünsten lassen. Die gegarten Kartoffeln zerstampfen und zu dem Gemüse geben. Tomaten und Paprikaschote, Tomatenmark und Zucker dazugeben und mit der heißen Fleischbrühe ablöschen. Wenn nötig noch etwas siedendes Wasser hinzufügen. Die gegarten Kohlstreifen dazugeben, umrühren und bei mittlerer Hitze aufkochen. Dill, Petersilie und die Fleischstücke unterrühren und mit Salz und Pfeffer abschmecken. Den Topf vom Herd nehmen, die Suppe mit geschlossenem Deckel mindestens 15 Minuten ruhen lassen.

Servieren

Den Borschtsch in eine Suppenterrine füllen und mit saurer Sahne verfeinert servieren.

INFO

In der russischen Küche gibt es zahlreiche »Borschtsch-Arten«. Beliebig können die Zutaten ausgetauscht bzw. weitere hinzugefügt werden. Auch mit Hühner- oder Hammelfleisch, Speck und Pilzen schmeckt er ausgezeichnet.

Noch besser schmeckt Borschtsch allerdings, wenn man ihn am Vortag zubereitet.

REISBÄLLCHEN MIT PILZFÜLLUNG

Für 4 Personen
Zubereitungszeit: 35 Min./Koch- & Bratzeit: 30 Min.

Vorbereitung

Die mittelgroße Zwiebel schälen. Petersilie waschen, trockenschütteln und klein hacken. Den Reis mit der ganzen Zwiebel, Petersilie, Salz, Pfeffer, Muskatnuss und den Nelken in 4−5 Tassen Wasser gar kochen. Der Reis muss sehr weich und trocken sein.

Nach der Garzeit die Zwiebel entfernen und den Reis abkühlen lassen.

In der Zwischenzeit die Füllung vorbereiten. Die Trockenpilze in einem Topf mit kochendem Wasser weich kochen. Die weichen Pilze aus dem Wasser nehmen und in kleine Stücke schneiden. Die Zwiebel schälen und in kleine Würfel schneiden.

Die Butter in einer Pfanne erhitzen und die Zwiebelwürfel und Pilzstreifen darin braten.

Zubereitung

Den abgekühlten Reis mit 3 Eiern vermischen. Mit feuchten Händen aus der Reismasse kleine Bällchen formen und in die Mitte die Pilzfüllung drücken. Die Reisbällchen durch das restliche aufgeschlagene Ei ziehen und in Paniermehl wenden.

Öl in einer Pfanne erhitzen und die Reisbällchen darin goldbraun braten.

Servieren

Servieren Sie die Reisbällchen mit Pilzfüllung zu Fleischgerichten und frischem Salat.

ZUTATEN

1 mittelgroße Zwiebel
1 Bund Petersilie
250 g Reis
Salz
Pfeffer
Muskatnuss
2−3 Nelken
4 Eier
2 El Paniermehl
Öl

Für die Füllung:
50 g getrocknete Pilze
1 kleine Zwiebel
1 El Butter

INFO

Anstelle von getrockneten Pilzen können Sie auch frische Pilze verwenden.

ÜBERBACKENE CHAMPIGNONS

ÜBERBACKENE CHAMPIGNONS

Für 4 Personen
Zubereitungszeit: 25 Min./Backzeit: 15 Min.

ZUTATEN

12 große Champignons
1 Brötchen (vom Vortag)
100 ml Sahne
1 Bund Petersilie
1 Ei
200 g geriebener Käse
(mittelalter Holländer,
Emmentaler)
Salz
Pfeffer
2 El Butter
4 El Paniermehl
2 El frische
Schnittlauchröllchen

Vorbereitung

Die Champignons putzen, den unteren Stielansatz entfernen und die Stiele vorsichtig abknicken. Das Brötchen in der Sahne einweichen und ausdrücken. Die Petersilie gründlich waschen, trockenschütteln und fein hacken.

Stiele mit Brötchen und Petersilie in einen Mixer geben und miteinander zerkleinern. Die Masse in einer Schüssel mit dem Ei und 100 g Käse verrühren und mit Salz und Pfeffer abschmecken.

Eine Auflaufform ausbuttern und den Backofen auf 200 °C vorheizen.

Zubereitung

Die Champignonköpfe mit der Masse füllen, in die Auflaufform setzen, mit Paniermehl und dem restlichen Käse bestreuen, in den Backofen geben und etwa 15 Minuten überbacken lassen.

Servieren

Bestreuen Sie die überbackenen Champignons mit Schnittlauchröllchen und servieren Sie sie als Vorspeise mit Weißbrot.

INFO

Wenn Sie dieses Gericht etwas herzhafter mögen, geben Sie etwa 30 g geröstete Speckwürfel in die Füllung.

BUCHWEIZENGRÜTZE MIT CHAMPIGNONS

Gemüse

Für 4 Personen
Zubereitungszeit: 30 Min./Koch- & Backzeit: 40 Min.

BUCHWEIZENGRÜTZE

ZUTATEN

1 Zwiebel
250 g frische Champignons
200 g Buchweizengrütze
3 El Butter
1 l Fleischbrühe (Instant)
Salz
Pfeffer
250 ml saure Sahne

Vorbereitung

Die Zwiebel schälen und in feine Würfel schneiden. Die Champignons putzen, vom Stielende befreien und halbieren. Die Buchweizengrütze waschen und in einem Sieb abtropfen lassen.
Den Backofen auf 220 °C vorheizen. Eine Auflaufform mit etwas Butter einfetten.

Zubereitung

In einem Topf die Butter erhitzen und darin die Zwiebelwürfel goldgelb anschwitzen.
Die Buchweizengrütze dazugeben und mit der Fleischbrühe aufgießen. Einmal aufkochen lassen, danach die Hitze reduzieren.
Die Champignons dazugeben und erneut aufkochen lassen. Bei kleiner Hitze 15 Minuten garen lassen. Mit Salz und Pfeffer abschmecken und die Hälfte der sauren Sahne unterrühren.
Alles in die Auflaufform füllen und im vorgeheizten Backofen 10 Minuten backen lassen.

Servieren

Mit der restlichen sauren Sahne getrennt als Beilage zu Fleischgerichten servieren.

INFO

Buchweizengrütze können Sie auch als Füllung von Geflügel verwenden.

ROTE BETE MIT FÜLLUNG

Für 4 Personen
Zubereitungszeit: 40 Min./Koch- & Backzeit: 50 Min.

Vorbereitung

Die Rote Bete waschen, in einem Topf mit Wasser aufsetzen und etwa 30 Minuten halb gar kochen. Die Knollen aus dem Wasser heben, abkühlen lassen, von der Schale befreien und mit einem Löffel aushöhlen. Möhren, Petersilienwurzeln und Kohlrabi schälen, waschen und klein schneiden. Die Äpfel ebenfalls schälen, waschen, halbieren, das Kerngehäuse entfernen und die Apfelhälften in kleine Stücke schneiden. Die Zwiebeln schälen und in kleine Würfel schneiden. Den Dill waschen, trockenschütteln und fein schneiden. Die Eier hart kochen, abschrecken und klein hacken. Die saure Sahne in eine Auflaufform geben und den Backofen auf 200 °C vorheizen.

Zubereitung

In einem Topf die Butter auslassen und Möhren, Petersilienwurzeln, Kohlrabi und Zwiebeln leicht anbraten. Das Gemüse etwas abkühlen lassen, mit Eiern und Dill (einige Dillspitzen beiseite stellen) verrühren und mit Salz und Pfeffer abschmecken.

Die ausgehöhlten Rote-Bete-Knollen mit der Gemüsemasse füllen, in die Auflaufform setzen, mit Paniermehl und Käse bestreuen und im Backofen etwa 15−20 Minuten garen lassen.

Servieren

Die Rote Bete mit Füllung als Vorspeise oder als Beilage zu Fleischgerichten mit Dillspitzen bestreut servieren.

ZUTATEN

4 Rote-Bete-Knollen
4 Möhren
2 Petersilienwurzeln
2 kleine Kohlrabi
2 mittelgroße Äpfel
3 kleine Zwiebeln
1 Bund Dill
3 Eier
200 g saure Sahne
Salz
Pfeffer
4 El Paniermehl
200 g geriebener Käse
(Emmentaler)

INFO

Die Füllung können Sie selbstverständlich variieren. Auch mit einer Fleisch-, Fisch- oder Pilzfüllung schmeckt die Rote Bete vorzüglich.

MÖHRENAUFLAUF

MÖHRENAUFLAUF

Für 4 Personen
Zubereitungszeit: 30 Min./Koch- & Backzeit: 35 – 40 Min.

Vorbereitung

Die Möhren schälen, waschen und in kleine Stücke schneiden. Die Hälfte der Milch aufkochen und die Möhren darin weich dünsten. Mit einem Handmixer pürieren, Grieß und die restliche Milch zufügen und einige Minuten unter ständigem Rühren auf mittlerer Hitze einkochen. Die Masse abkühlen lassen.
Die Eier trennen und das Eiweiß steif schlagen.
Eine Auflaufform mit 2 El Butter ausbuttern und den Backofen auf 175 °C vorheizen.

Zubereitung

Die Möhrenmasse mit Quark und den Eigelben verrühren und mit Salz und Zucker würzen. Das Eiweiß vorsichtig unterziehen und in die Auflaufform füllen. Mit 4 El zerlassener Butter begießen.
Im Backofen etwa 20 – 30 Minuten backen lassen.

Servieren

Den Möhrenauflauf in der Auflaufform und mit der Petersilie bestreut servieren.

ZUTATEN

500 g Möhren
260 ml Milch
50 g Hartweizengrieß
4 Eier
6 El Butter
200 g Quark
Salz
1 Prise Zucker
3 El frisch gehackte Petersilie

INFO

Beim Kauf von Bundmöhren das Grün schnell entfernen, da es die Möhren auslaugt.

AUBERGINEN MIT FÜLLUNG

Für 4 Personen
Zubereitungszeit: 30 Min./Kochzeit: etwa 35 Min.

ZUTATEN

4 gleich große Auberginen
Salz
2 Möhren
1 Petersilienwurzel
¼ Sellerieknolle
1 Zwiebel
2 Tomaten
2 El Butterschmalz
Pfeffer
2 El Paniermehl
3 El Butter
125 ml saure Sahne

Vorbereitung

Die Auberginen waschen, halbieren und mit einem Löffel nicht zu tief aushöhlen. Das Aubergineninnere beiseite stellen. Die Auberginenhälften in einem Topf mit kochendem Salzwasser kurz blanchieren, herausnehmen und abkühlen lassen. Möhren, Petersilienwurzel, Sellerie und Zwiebel schälen und in kleine Stücke schneiden. Die Tomaten mit kochendem Wasser übergießen, enthäuten und in kleine Stücke schneiden. Eine Auflaufform ausbuttern und den Backofen auf 180 °C vorheizen.

Zubereitung

Das Gemüse und das Aubergineninnere in einem Topf mit heißem Butterschmalz kurz anbraten, etwas Wasser zugeben und bei kleiner Hitze, bei geschlossenem Deckel etwa 10 Minuten dünsten lassen. Die Gemüsemasse mit Salz und Pfeffer würzen, in die ausgehöhlten Auberginenhälften füllen und in die Auflaufform setzen. Mit Paniermehl und ausgelassener Butter übergießen und im Backofen etwa 20 Minuten überbacken lassen.

Servieren

Die Auberginen mit Füllung auf einer Platte anrichten und die saure Sahne separat dazu reichen. Nach Belieben kann die saure Sahne mit etwas gepresstem Knoblauch und klein gehackten frischen Kräutern verrührt werden.

INFO

Die Füllung ist leicht zu variieren. Mit etwas Fantasie kann man auch mit Fleisch, Pilzen oder anderen Zutaten eine schmackhafte Füllung zubereiten.

KARTOFFELKLÖSSE

Für 4 Personen
Zubereitungszeit: 45 Min./Koch- & Backzeit: etwa 30 Min.

Vorbereitung

Die Kartoffeln schälen, waschen und je nach Größe halbieren oder vierteln. In einem Topf mit Salzwasser in 20 Minuten gar kochen.

Die gekochten Kartoffeln durch eine Kartoffelpresse drücken und mit Mehl, Eiern, Salz und Pfeffer zu einem Teig mischen. Den Backofen auf 200 °C vorheizen.

Zubereitung

In einem Topf ausreichend Salzwasser zum Kochen bringen. In einem zweiten Topf die Butter zerlassen.

Mit feuchten Händen aus der Kartoffelmasse Klöße von etwa 3 cm Ø formen. Die Klöße ins siedende Wasser geben und etwa 5 Minuten ziehen lassen.

Die Klöße mit einer Schaumkelle aus dem Wasser nehmen, kurz abtropfen lassen, in eine Kasserolle legen, die ausgelassene Butter darüber geben und mit den Semmelbröseln bestreuen. Die Klößchen in den Backofen geben und einige Minuten überbacken lassen.

Servieren

Servieren Sie die Kartoffelklößchen als Beilage zu Fleischgerichten.

ZUTATEN

800 g Kartoffeln
Salz
3 El Mehl
3 Eier
Pfeffer
4 El Butter
3 El Semmelbrösel

KARTOFFELKLÖSSE

INFO

Für dieses Gericht eignen sich mehlig kochende Kartoffeln (Bintje, Datura, Irmgard) besonders gut.

31

WEISSKOHLGEMÜSE

WEISSKOHLGEMÜSE

Für 4 Personen
Zubereitungszeit: 30 Min./Kochzeit: 35 Min.

Vorbereitung

Den Kohl halbieren, vom Strunk befreien, in feine Streifen schneiden, waschen und abtropfen lassen.
Den Speck in kleine Würfel schneiden. Das Fleisch waschen, trockentupfen und in kleine Stücke schneiden. Die Zwiebeln schälen und in kleine Würfel schneiden.
Die Äpfel schälen, halbieren, waschen, das Kerngehäuse entfernen und die Apfelhälften in Scheiben schneiden.

Zubereitung

In einem Bräter die Butter zerlassen und den Speck und das Fleisch darin etwa 5 Minuten kräftig anbraten. Die Zwiebelwürfel und die Weißkohlstreifen dazugeben und goldgelb mitrösten. Mit der Fleischbrühe ablöschen und mit Salz und Pfeffer würzen.
Das Ganze etwa 20 Minuten auf mittlerer Hitze köcheln lassen. Dann die Apfelscheiben dazugeben und unterrühren. Nochmals etwa 10 Minuten köcheln lassen.

Servieren

Servieren Sie das Weißkohlgemüse mit frischen Salzkartoffeln.

ZUTATEN

1 großer Weißkohl
350 g magerer Speck
500 g Rindfleisch
(aus der Lende)
3 mittelgroße Zwiebeln
4 Äpfel (Boskop)
2 El Butter
375 ml Fleischbrühe (Instant)
Salz
Pfeffer

INFO

Wer es herzhafter mag, ersetzt das Rindfleisch durch geräucherte Mettwürstchen.

KARTOFFELN MIT PILZFÜLLUNG

Für 4 Personen
Zubereitungszeit: 40 Min./Koch- & Backzeit: 40 Min.

KARTOFFELN MIT PILZFÜLLUNG

ZUTATEN

8 große, fest
kochende Kartoffeln
Salz
400 g frische Champignons
1 Zwiebel
1 Möhre
5 El Butter
60 g Reis
1 Ei
Pfeffer
2 El Paniermehl
200 g geriebener Käse
(Emmentaler)
3 El frische Schnitt-
lauchröllchen

Vorbereitung

Die Kartoffeln schälen, waschen und in Salzwasser halb gar kochen. Mit einem Löffel aushöhlen, eventuell etwas zurechtschneiden, damit die Kartoffeln stehen bleiben, und das Kartoffelinnere beiseite stellen.
Die Champignons putzen, das Stielende entfernen und die Pilze klein schneiden. Zwiebel und Möhre schälen und in kleine Würfel schneiden. In einem Topf Butter zerlassen und Zwiebel- und Möhrenwürfel darin anbraten, Champignons dazugeben und alles gar köcheln lassen.
Zwischenzeitlich den Reis gar kochen.
Ein Auflaufform ausbuttern und den Backofen auf 200 °C vorheizen.

Zubereitung

Das Gemüse in eine Schüssel geben, mit dem Kartoffelinneren, Reis und Ei vermischen und mit Salz und Pfeffer würzen. Die Masse in die Kartoffeln füllen und diese in die Auflaufform setzen. Mit Paniermehl und Käse bestreuen, mit zerlassener Butter übergießen, in den Backofen geben und etwa 20 Minuten überbacken lassen.

Servieren

Bestreuen Sie die Kartoffeln mit Schnittlauch und servieren Sie sie als Beilage zu Fleischgerichten.

INFO

Um eine gleichmäßige Garzeit zu erzielen, verwenden Sie möglichst gleich große Kartoffeln.

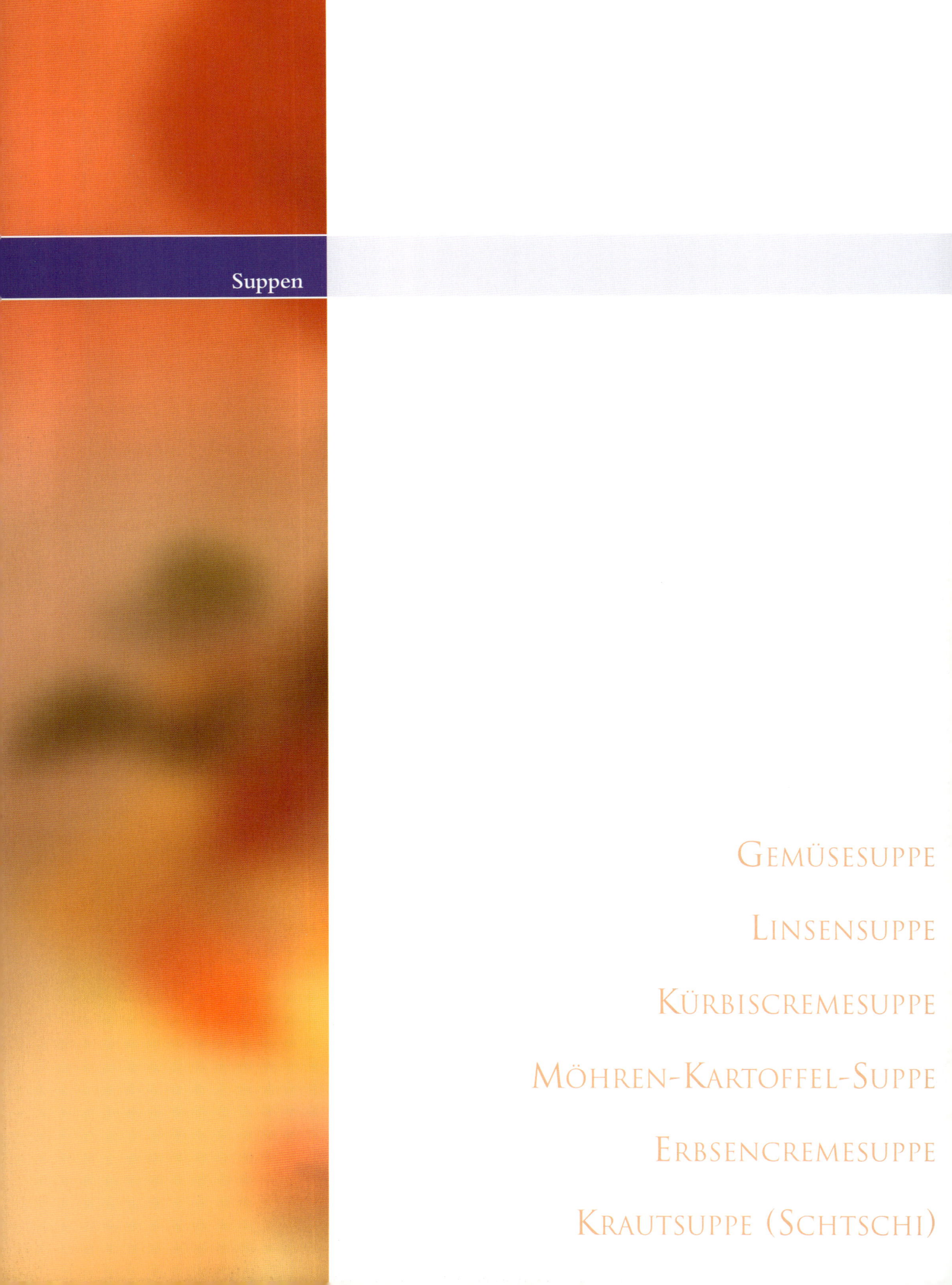

Suppen

GEMÜSESUPPE

LINSENSUPPE

KÜRBISCREMESUPPE

MÖHREN-KARTOFFEL-SUPPE

ERBSENCREMESUPPE

KRAUTSUPPE (SCHTSCHI)

SUPPEN

GEMÜSESUPPE

GEMÜSESUPPE

Für 4 Personen
Zubereitungszeit: 20 Min./Kochzeit: 25 Min.

Vorbereitung

Das Gemüse schälen und in kleine Stücke schneiden. Die Milch erhitzen.

Zubereitung

2 El Butter in einem Topf erhitzen und das gesamte Gemüse darin leicht anbraten. Mit der Milch ablöschen und bei kleiner Hitze etwa 10 Minuten köcheln lassen.
Die Nudeln dazugeben und in 15 Minuten gar kochen. Mit Salz und Pfeffer würzen und mit der restlichen Butter verfeinern.

Servieren

Die Gemüsesuppe in Suppentassen füllen und mit Petersilie bestreut servieren.

ZUTATEN

4 Kartoffeln
1 große Zwiebel
2 kleine Zucchini
1 kleine Kohlrabi
1½ l Milch
3 El Butter
100 g kleine Nudeln
Salz
Pfeffer
2 El frisch gehackte Petersilie

INFO

Die Gemüsesuppe kann auch mit Reis oder Mehlklößchen zubereitet werden. Selbstverständlich kann auch das Gemüse geändert werden.

LINSENSUPPE

LINSENSUPPE

ZUTATEN

1 große Beinscheibe (Rind)
2 Möhren
1 Lauchstange
¼ Sellerieknolle
250 g roher Schinken
am Stück
1 Zwiebel
400 g Linsen
2 El Paniermehl
Salz
Pfeffer
125 ml Sahne
2 Eigelbe
3 El frisch gehackter Dill

Für 4 Personen
Zubereitungszeit: 30 Min./Kochzeit: etwa 60 Min.

Vorbereitung

Das Fleisch waschen und in einem Topf mit kochendem Wasser etwa 30 Minuten köcheln lassen.
Möhren, Lauchstange und Sellerieknolle schälen und in kleine Stücke schneiden. Die Hälfte der Möhrenwürfel, Lauch und Sellerie mit dem Schinken zu dem Fleisch geben und nochmals etwa 20 Minuten kochen lassen. Die Brühe durchseihen und Fleisch und Schinken in kleine Würfel schneiden. Die Zwiebel schälen und würfeln.

Zubereitung

Linsen, Zwiebelwürfel, die restlichen Möhren-, Lauch- und Selleriestücke zusammen mit dem Paniermehl in einen Topf geben, mit Salz und Pfeffer würzen und mit erhitztem Wasser bedeckt aufkochen lassen. Bei mittlerer Hitze weich kochen.
Das Linsengemüse durch ein Passiersieb drücken, zurück in den Topf geben und unter ständigem Rühren die Fleischbrühe angießen, bis eine sämige Suppe entsteht.
Die Sahne mit den Eigelben verrühren und langsam unter die Suppe rühren. Die Suppe darf jetzt nicht mehr kochen!

Servieren

Die Fleisch- und Schinkenwürfel mit den Dillspitzen in tiefe Teller geben und die Linsensuppe darüber geben.

INFO

Französische Linsen sind fettärmer als Linsen aus anderen Ländern.

KÜRBISCREMESUPPE

Für 4 Personen
Zubereitungszeit: 15 Min./Kochzeit: etwa 30 Min.

Vorbereitung

Den Kürbis teilen, entkernen, schälen und in kleine Stücke schneiden. ½ l Milch in einen Topf geben, den Kürbis dazugeben und zum Kochen bringen. Das Weißbrot in kleine Stücke schneiden und in 1 El Butter goldgelb anrösten.

Zubereitung

3 El Butter in einem weiteren Topf auslassen, das Mehl darin anschwitzen, mit 1 l heißer Milch und ½ l Wasser verrühren und aufkochen. Den Kürbis dazugeben und etwa 20 Minuten bei kleiner Hitze köcheln lassen.

Das Ganze durch ein Passiersieb streichen und mit der restlichen heißen Milch, Salz und Zucker nochmals kurz aufkochen lassen.

Servieren

Die Kürbiscremesuppe in tiefe Teller füllen und mit Schnittlauchröllchen bestreut servieren.

ZUTATEN

1 kg Kürbis
2 l Milch
2–3 Scheiben Weißbrot
4 El Butter
2 El Mehl
Salz
2–3 Tl Zucker
3 El frische Schnittlauchröllchen

KÜRBISCREMESUPPE

INFO

Kürbissamen enthalten viel Kalium, Zink, Selen und Vitamin E.

41

MÖHREN-KARTOFFEL-SUPPE

MÖHREN-KARTOFFEL-SUPPE

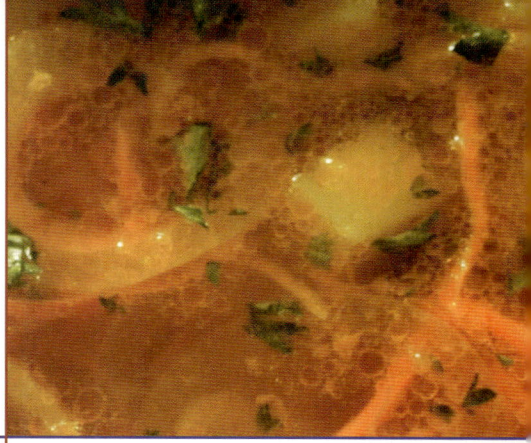

Für 4 Personen
Zubereitungszeit: 15 Min./Kochzeit: 30 Min.

Vorbereitung

Die Möhren schälen, waschen und in dünne Streifen schneiden. Die Kartoffeln schälen, waschen und in kleine Würfel schneiden. Die Zwiebeln schälen und in feine Ringe schneiden.

Zubereitung

Die Butter in einem großen Topf auslassen und die Möhren und Zwiebeln darin leicht andünsten. Mit ½ l kochendem Wasser ablöschen und etwa 4 Minuten kochen lassen. Das Gemüse abgießen, den Sud auffangen und die Kartoffelstücke darin etwa 15 Minuten kochen lassen. Dann die Möhren und Zwiebeln dazugeben, mit Salz und Pfeffer würzen und alles etwa 10 Minuten gar köcheln lassen.

Servieren

Die Möhren-Kartoffel-Suppe in tiefe Teller füllen und mit der Petersilie bestreut servieren.

ZUTATEN

350 g Möhren
8 große Kartoffeln
3 Zwiebeln
3 El Butter
Salz
Pfeffer
4 El frisch gehackte Petersilie

INFO

Nach Belieben können Sie die Suppe mit Eigelb legieren.

43

ERBSENCREMESUPPE

ERBSENCREMESUPPE

Für 4 Personen
Zubereitungszeit: 25 Min./Kochzeit: 20 Min.

ZUTATEN

3 Möhren
1 Petersilienwurzel
450 g frische Erbsen
1 Zwiebel
2 Scheiben Weißbrot
5 El Butter
Salz
3 El Semmelbrösel
2 El Mehl
Pfeffer

Vorbereitung

Die Möhren und Petersilienwurzel schälen, waschen und grob in Stücke schneiden. Die Erbsen verlesen und waschen. Die Zwiebel schälen und in kleine Würfel schneiden. Die Weißbrotscheiben in kleine Stücke schneiden und in 1 El Butter goldgelb anrösten.

Zubereitung

Die Möhren und Petersilienwurzel in etwas Salzwasser etwa 10–15 Minuten gar kochen. Zwischenzeitlich in einem zweiten Topf die Erbsen in kaltem Wasser ansetzen, so dass die Erbsen mit Wasser bedeckt sind. Darin kurz quellen lassen und unter Zugabe von 2 El Butter und Semmelbröseln zum Kochen bringen.

Wenn die Erbsen gar sind, abschütten und in den Topf zu den Möhren und der Petersilienwurzel geben. Alles durch ein Passiersieb streichen. Aus 2 El Butter und Mehl eine Mehlschwitze herstellen und die Suppe damit binden. Die Zwiebelwürfel dazugeben, mit Salz und Pfeffer abschmecken und unter ständigem Rühren nochmals kurz aufkochen lassen.

Servieren

Die Erbsencremesuppe in Suppentassen füllen und mit den gerösteten Weißbrotwürfeln bestreut servieren.

INFO

Erbsen sind die eiweiß- und vitaminreichsten aller Hülsenfrüchte, dürfen aber niemals roh gegessen werden.

KRAUTSUPPE (SCHTSCHI)

Für 4 Personen
Zubereitungszeit: 25 Min./Kochzeit: 85 Min.

ZUTATEN

800 g Suppenfleisch (Rind)
Salz bzw. 1 Brühwürfel
1 Zwiebel
250 g Kartoffeln
2 El Butter
1 Lorbeerblatt
600 g Sauerkraut
Pfeffer
4 El saure Sahne
2 El gehackte Petersilie

Vorbereitung

Das Fleisch waschen und in 2 l Wasser etwa 60 Minuten gar kochen. Mit Salz bzw. mit einem Brühwürfel würzen. Zwischenzeitlich die Zwiebel schälen und in kleine Würfel schneiden. Die Kartoffeln schälen, waschen und ebenfalls in Würfel schneiden.

Zubereitung

Das gekochte Fleisch aus der Brühe nehmen, in kleine Stücke schneiden und warm halten. In einer kleinen Pfanne die Butter erhitzen und die Zwiebelwürfel darin goldgelb anbraten. Die Kartoffelwürfel mit Lorbeerblatt und Zwiebelwürfeln in die heiße Fleischbrühe geben und etwa 10 Minuten köcheln lassen. Dann das Sauerkraut dazugeben und nochmals 15 Minuten köcheln lassen. Anschließend die Fleischstücke dazugeben und mit Salz und Pfeffer abschmecken.

Servieren

Die Krautsuppe in eine Suppenterrine füllen, die saure Sahne darauf geben und mit der Petersilie bestreut servieren.

INFO

Durch die Zugabe von Kümmel (wenn man ihn mag) wird das Gericht bekömmlicher.

KRAUTSUPPE (SCHTSCHI)

FLEISCH- & GEFLÜGELGERICHTE

FLEISCHKLÖSSCHEN (TEFTELI)

FLEISCHKLÖSSCHEN (TEFTELI)

Für 4 Personen
Zubereitungszeit: 25 Min./Koch- & Bratzeit: 35 Min.

ZUTATEN

1 Zwiebel
85 g Weißbrot
5 El Milch
6 El Butter oder Bratfett
500 g Rinderhackfleisch
1 Ei
Salz
2 El Mehl
125 ml Fleischbrühe (Instant)
1 El Tomatenmark
1 Lorbeerblatt
Pfeffer

INFO

Sie sollten Hackfleisch immer am gleichen Tag verarbeiten, an dem es hergestellt wurde, da es schnell verderblich ist.

Vorbereitung

Die Zwiebel schälen, in feine Würfel schneiden. Das Brot in der Milch einweichen und ausdrücken. Die Zwiebel in einer kleinen Pfanne mit 1 El heißer Butter leicht andünsten. Das Hackfleisch mit Zwiebelwürfeln, Brot und Ei in eine Schüssel geben, salzen und gut vermischen.

Aus der Hackfleischmasse kleine Kugeln im Durchmesser von etwa 4 cm formen und im Mehl wälzen.

Zubereitung

5 El Butter oder Bratfett in einer Pfanne erhitzen und die Fleischbällchen darin braten. Die Klößchen in einen Topf geben und Fleischbrühe, Tomatenmark sowie das Lorbeerblatt dazugeben.

Mit Salz und Pfeffer würzen und etwa 20 Minuten, bei mittlerer Hitze, garen lassen.

Servieren

Die Fleischklößchen mit der Soße begießen und als Beilage zu Reis oder Kartoffelpüree servieren.

Überbackenes Rindfleisch

ÜBERBACKENES RINDFLEISCH

Für 4 Personen
Zubereitungszeit: 25 Min./Koch- & Backzeit: 80 Min.

Vorbereitung

Das Rindfleisch waschen. Die Möhre und die Petersilienwurzel schälen und grob in Stücke schneiden. Die Zwiebeln schälen und vier Zwiebeln in Scheiben schneiden, eine vierteln.
In einem großen Topf etwa ¾ l Wasser zum Kochen bringen, das Fleisch darin etwa 50 Minuten bei mittlerer Hitze köcheln lassen. Dann Möhren- und Petersilienwurzelstücke sowie die Zwiebelviertel dazugeben, salzen und weitere 15 Minuten gar kochen.

Zubereitung

Die Sahne in einer Pfanne erhitzen und die Zwiebelscheiben darin garen lassen.
1 El Butter dazugeben und mit Salz würzen.
Das Fleisch aus der Brühe nehmen und in dünne Scheiben schneiden. Die Fleischscheiben in eine Kasserolle legen, mit Pfeffer würzen und mit den Zwiebeln belegen. Das Paniermehl darüber streuen, mit Butterflöckchen belegen und im Backofen etwa 15 Minuten überbacken lassen.

Servieren

Überbackenes Rindfleisch mit Salzkartoffeln und mit Petersilie bestreut servieren.

ZUTATEN

1 kg Rindfleisch (Bruststück)
1 Möhre
1 Petersilienwurzel
5 Zwiebeln
Salz
125 ml süße Sahne
4 El Butter
Pfeffer
1 El Paniermehl
3 El gehackte Petersilie

INFO

Die Rindfleischbrühe können Sie durchseihen und für die spätere Zubereitung von Suppen einfrieren.

FRIKADELLEN AUS LEBER

FRIKADELLEN AUS LEBER

Für 4 Personen
Zubereitungszeit: 25 Min./Bratzeit: 10 Min.

ZUTATEN

800 g Rinderleber
80 g Speck
2 Eier
4 El Paniermehl
Salz
Pfeffer
4 El Mehl
3 El Butterschmalz

Vorbereitung

Die Leber waschen, trocken-tupfen und von Häuten, Sehnen und Röhren befreien, in kleine Stücke schneiden und durch den Fleischwolf drehen.
Den Speck in feine Würfel schneiden und zu der Leber geben. Eier und Paniermehl unter die Masse rühren und mit Salz und Pfeffer würzen.

Zubereitung

Mit feuchten Händen aus der Masse nicht zu große Frikadellen formen und in Mehl wenden.
Butterschmalz in einer Pfanne erhitzen und die Frikadellen darin braten.

Servieren

Die Leberfrikadellen auf einer Fleischplatte anrichten, mit dem Bratenfett begießen und zu Kartoffelpüree servieren.

INFO

Das überstarke Aroma der Rinderleber können Sie mildern, indem Sie die Leber etwa 1 Stunde vor der Zubereitung in Milch legen.

FLEISCH-GEMÜSE-AUFLAUF

Für 4 Personen
Zubereitungszeit: 25 Min./Koch- & Backzeit: 50−65 Min.

Vorbereitung

Die Zwiebeln schälen und in Scheiben schneiden. Kartoffeln und Möhren schälen, waschen und in kleine Würfel schneiden. Den Weißkohl putzen, den Strunk entfernen und den Kohl in feine Streifen schneiden. Das Gemüse, ohne die Zwiebeln, in Salzwasser gar kochen. Die Tomaten aus der Dose nehmen, dabei den Tomatensaft auffangen und die Tomaten in Stücke schneiden.
Den Backofen auf 200 °C vorheizen.

Zubereitung

Die Butter in einem Topf erhitzen und die Zwiebelscheiben darin anbraten. Das Hackfleisch dazugeben und anbraten. Sahne und Salz unterrühren.
Das Gemüse, die Hackmasse und die Tomatenstücke abwechselnd in eine Kasserolle schichten, mit der Tomatensoße übergießen, mit Semmelbröseln bestreuen und im Backofen etwa 30−45 Minuten backen lassen.

Servieren

Den Auflauf auf flachen Tellern anrichten und mit Tomatenvierteln garniert servieren.

ZUTATEN

3 Zwiebeln
500 g Kartoffeln
3 Möhren
500 g Weißkohl
Salz
1 große Dose geschälte Tomaten
3 El Butter
500 g Rinderhackfleisch
125 ml saure Sahne
1 El Semmelbrösel
8 Tomatenviertel

INFO

Der Fleisch-Gemüse-Auflauf kann beliebig mit Schweine- oder Hammelfleisch sowie mit anderen Gemüsesorten zubereitet werden.

FLEISCH-GEMÜSE-AUFLAUF

BULETTEN (SITSCHENIKI)

BULETTEN (SITSCHENIKI)

Für 4 Personen
Zubereitungszeit: 25 Min./Bratzeit: 25 Min.

ZUTATEN

2 mittelgroße Zwiebeln
4 El Butterschmalz
4 Eier
650 g Rinderhackfleisch
Salz
Pfeffer
2 El Semmelbrösel

Vorbereitung

Die Zwiebeln schälen, in Ringe schneiden und diese in 1 El Butterschmalz andünsten. Die Eier dazugeben und wie Rühreier braten. Die Eier erkalten lassen, mit dem Hackfleisch in eine Schüssel geben und gut vermischen. Das Ganze mit Salz und Pfeffer abschmecken und durch den Fleischwolf drehen.
Den Backofen auf 220 °C vorheizen.

Zubereitung

Aus der Hackfleischmasse runde Buletten formen, in den Semmelbröseln wälzen und im heißen Butterschmalz von beiden Seiten anbraten. Dann im Backofen etwa 10 Minuten garen lassen.

Servieren

Die Buletten auf einer Fleischplatte anrichten, mit heißem Bratfett übergießen und dazu Bratkartoffeln und einen frischen Blattsalat servieren.

BŒUF STROGANOFF (BEFSTROGANOW)

BŒUF STROGANOFF (BEFSTROGANOW)

Für 4 Personen
Zubereitungszeit: 15 Min./Koch- & Bratzeit: 15 Min.

Vorbereitung

Das Fleisch waschen, trocken-tupfen und quer zur Faser in 1–2 cm dicke Scheiben schneiden. Die Scheiben in etwa 8 mm Stärke klopfen und anschließend in etwa 5 cm lange Streifen schneiden.
Die Zwiebel schälen, in feine Würfel schneiden und mit Salz und Pfeffer würzen.

Zubereitung

In einem Topf die Butter erhitzen und das Fleisch darin von allen Seiten anbraten. Die Zwiebelwürfel dazugeben, mit Mehl bestreuen und bei ständigem Rühren weitere 3 Minuten dünsten lassen.
Tomatenmark dazugeben, kurz anrösten, mit der Fleischbrühe ablöschen und aufkochen lassen. Mit Senf und Pfeffer würzen, die saure Sahne dazugeben alles vermischen und nochmals aufkochen.

Servieren

Bestreuen Sie das Bœuf Stroganoff mit der Petersilie und reichen Sie Bratkartoffeln dazu.

ZUTATEN

500 g Rinderfilet
1 Zwiebel
Salz
Pfeffer
40 g Butter
1 Tl Mehl
1 Tl Tomatenmark
¼ l Fleischbrühe (Instant)
½ Tl scharfer Senf
1 El saure Sahne
2 El gehackte Petersilie

INFO

Die Soße kann mit Rotwein verfeinert werden – dann aber entsprechend weniger Fleischbrühe angießen.

NIERENEINTOPF

NIERENEINTOPF

Für 4 Personen
Zubereitungszeit: 35 Min./Kochzeit: 45–50 Min.

Vorbereitung

Die Nieren gründlich waschen und halbieren. Von Häuten und Röhren befreien und zweimal im kochenden Wasser blanchieren. Gründlich abspülen und erneut in frischem Wasser weich kochen. Aus dem Wasser nehmen, abtropfen lassen und in Streifen schneiden. Zwischenzeitlich Kartoffeln, Möhren, Zwiebeln und Kohlrabi schälen, waschen und in Scheiben schneiden. Die Salzgurken in kleine Würfelchen schneiden. Den Knoblauch pellen und fein hacken.

Zubereitung

Das Gemüse in einem Topf in ausgelassenem Butterschmalz leicht andünsten. Die Nierchen mit saurer Sahne, Tomatenmark, Salzgurken und Lorbeerblättern dazugeben und alles gut verrühren.
Mit Salz und Pfeffer würzen und bei geschlossenem Deckel bei kleiner Hitze etwa 30 Minuten köcheln lassen.

Servieren

Den Niereneintopf in eine Servierschüssel füllen und dazu Kartoffelpüree reichen.

ZUTATEN

800 g Kalbsnieren
4 große Kartoffeln
2 Möhren
3 Zwiebeln
1 Kohlrabi
2 Salzgurken
4 Knoblauchzehen
4 El Butterschmalz
120 ml saure Sahne
2 El Tomatenmark
2 Lorbeerblätter
Salz
Pfeffer

INFO

Das zweimalige Blanchieren können Sie umgehen, indem Sie die Nieren vor der Zubereitung etwa 2 Stunden in Buttermilch einlegen.

SCHWEINEBRATEN MIT BIER

SCHWEINEBRATEN MIT BIER

Für 4 Personen
Zubereitungszeit: 20 Min./Koch- & Bratzeit: 80 Min.

ZUTATEN

1 kg Schweinebraten
aus der Keule
2 Möhren
2 mittelgroße Zwiebeln
1 Petersilienwurzel
4 El Butterschmalz
Pimentkörner
1 Lorbeerblatt
1 Tl getrocknete Minze
Salz
Pfeffer
4 Glas helles Bier
2 El kalte Butter

INFO

Als Beilage schmecken auch Rosenkohl, Weißkohl oder Rotkohl vorzüglich.

Vorbereitung

Das Fleisch waschen, trockentupfen und von überschüssigem Fett und Sehnen befreien. Die Möhren, Zwiebeln und Petersilienwurzel schälen und in kleine Stücke schneiden.

Zubereitung

Butterschmalz in einer Kasserolle erhitzen und das Fleisch darin von allen Seiten kräftig anbraten. Das Gemüse und die Gewürze dazugeben und mit Salz und Pfeffer würzen. Das Bier angießen und auf mittlerer Hitze etwa 60–70 Minuten gar schmoren lassen. Das Fleisch aus dem Bräter heben und in Alufolie warm halten. Die Brühe durchseihen und mit Butter verfeinern.

Servieren

Das Fleisch in Scheiben schneiden, auf einer Fleischplatte anrichten, mit der Soße begießen und mit Salzkartoffeln und einem frischen Blattsalat servieren.

SCHWEINEBRATEN MIT WEISSKOHL

SCHWEINEBRATEN MIT WEISSKOHL

ZUTATEN

800 g Schweinefleisch
3 El Butterschmalz
Salz
Pfeffer
1 großer Weißkohl
(etwa 1 kg)
3 große Äpfel
2 mittelgroße Zwiebeln
Butter zum Einfetten
150 ml Fleischbrühe (Instant)

Für 4 Personen
Zubereitungszeit: 40 Min./Koch- & Bratzeit: 60 Min.

Vorbereitung

Das Fleisch waschen, trockentupfen, in grobe Stücke schneiden und im heißen Butterschmalz braten. Mit Salz und Pfeffer würzen.

Zwischenzeitlich den Weißkohl von den äußeren Blättern und dem Strunk befreien, in feine Streifen schneiden, waschen, abtropfen lassen, gut mit Salz vermischen und etwa 25 Minuten dünsten.

Die Äpfel schälen, das Kerngehäuse entfernen und in Stücke schneiden. Die Zwiebeln schälen, in kleine Würfel schneiden und in heißem Butterschmalz leicht goldgelb andünsten.

Die Äpfel und die Zwiebeln zu dem Weißkohl geben und alles gut vermischen.

Eine Kasserolle mit Butter einfetten.

Zubereitung

Die Fleischstücke in kleinere Stücke teilen. Das Weißkohlgemüse und das Fleisch mehrmals schichtweise in die Kasserolle füllen, mit der heißen Brühe übergießen und etwa 30 Minuten bei geschlossenem Deckel und mittlerer Hitze dünsten lassen.

Servieren

Den Schweinbraten mit Weißkohl auf flachen Tellern anrichten und mit Salzkartoffeln oder Bratkartoffeln servieren.

LUNGENRAGOUT

Für 4 Personen
Zubereitungszeit: 15 Min./Koch- & Bratzeit: 2 Std. 20 Min.

Vorbereitung

Die Lunge waschen und im kochenden Wasser etwa 2 Stunden bei mittlerer Hitze kochen lassen.
Die Zwiebel schälen und in kleine Würfel schneiden.

Zubereitung

Die Lunge aus dem Sud nehmen und in mundgerechte Würfel schneiden, pfeffern und salzen.
In einem Topf die Butter erhitzen und die Lungen darin anbraten. Mit Mehl bestäuben, die Zwiebelwürfel hinzugeben und kurz weiterbraten.
Die Fleischbrühe mit dem Tomatenmark vermischen und dazugießen. Das Lorbeerblatt beifügen und bei geschlossenem Deckel 10–15 Minuten bei mittlerer Hitze köcheln lassen. Eventuell nachwürzen.

Servieren

Das Lungenragout mit Salz- oder Bratkartoffeln und einem frischen Salat servieren.

ZUTATEN

500 g Lunge
1 Zwiebel
Pfeffer
Salz
2 El Butter
1 El Mehl
250 ml Fleischbrühe (Instant)
1 El Tomatenmark
1 Lorbeerblatt

LUNGENRAGOUT

LAMMKEULE MIT KARTOFFELN

LAMMKEULE MIT KARTOFFELN

Für 4 Personen
Zubereitungszeit: 35 Min./Bratzeit: 75 Min.

ZUTATEN

1½ kg Lammkeule
Salz
Pfeffer
5 Knoblauchzehen
1 kg kleine Kartoffeln
4 Äpfel (Boskop)
3 El Butterschmalz

Vorbereitung

Das Fleisch waschen, trocken-tupfen, von überschüssigem Fett befreien und mit Salz und Pfeffer einreiben.
Den Knoblauch schälen, in Stifte schneiden und das Fleisch damit spicken.
Kartoffeln schälen, waschen und halbieren. Äpfel schälen, waschen, halbieren und das Kerngehäuse entfernen.
Den Backofen auf 250 °C vorheizen.

Zubereitung

Das Butterschmalz in einer Kasserolle erhitzen, das Fleisch hineinlegen, etwas heißes Wasser zugießen und im Backofen etwa 45 Minuten braten lassen.
Dabei immer wieder mit dem Bratensaft begießen und hin und wieder drehen. Gegebenenfalls nochmals Wasser nachgießen.
Dann die Kartoffeln und Äpfel dazugeben, mit Salz und Pfeffer würzen und nochmals etwa 30 Minuten garen lassen.

Servieren

Das Fleisch in Scheiben schneiden, auf einer Fleischplatte anrichten, mit Kartoffeln und Äpfeln umlegen und mit dem Bratensaft begießen.

INFO

Die fertige Lammkeule sollte nach der Garzeit noch etwa 10 Minuten ziehen bzw. ruhen. Dann wird sie saftiger und ist leichter zu schneiden.

LAMMEINTOPF

LAMMEINTOPF

Für 4 Personen
Zubereitungszeit: 35 Min./Koch- & Bratzeit: 40 Min.

ZUTATEN

800 g Lammfleisch
(aus der Keule)
5 Zwiebeln
6 reife Fleischtomaten
4 Kartoffeln
4 Knoblauchzehen
½ Bund Petersilie
2–3 Thymianzweige
1 Chilischote
3 El Butterschmalz
Salz
Pfeffer

Vorbereitung

Das Fleisch waschen, trockentupfen und in mundgerechte Stücke schneiden. Die Zwiebeln schälen und in Würfel schneiden. Die Tomaten mit kochendem Wasser überbrühen, die Haut abziehen und in Würfel schneiden. Die Kartoffeln schälen, waschen und in Scheiben schneiden.
Die Knoblauchzehen pellen und durch die Knoblauchpresse drücken. Die Kräuter waschen, trockenschütteln und fein hacken. Die Chilischote halbieren, eventuell Kerne und Innenhäute entfernen (wegen der Schärfe) und in feine Streifen schneiden.

Zubereitung

Das Fleisch in einem Topf mit heißem Butterschmalz kräftig anbraten. Die Zwiebeln dazugeben und kurz mitrösten. Etwas Wasser zugießen und alles etwa 20 Minuten köcheln lassen. Mit Salz und Pfeffer würzen. Dann Kartoffeln, Tomaten und Chilischote zu dem Fleisch geben und alles bei mittlerer Hitze nochmals 20 Minuten köcheln lassen. Etwa 5 Minuten vor Ende der Garzeit die Kräuter und den Knoblauch unterrühren. Nochmals mit Salz und Pfeffer abschmecken.

Servieren

Den Lammeintopf in eine Servierschüssel füllen und mit einem frischen grünen Salat servieren.

GEFÜLLTE ENTE

Für 4 Personen
Zubereitungszeit: 30 Min./Bratzeit: etwa 2 Std.

Vorbereitung

Die Ente gründlich waschen, trockentupfen und von innen und außen salzen.
Die Zwiebeln schälen und in kleine Würfel schneiden.
Die Aprikosen in Streifen schneiden. Den Knoblauch schälen und durch die Knoblauchpresse drücken.
Die Zwiebelwürfel in etwas heißer Butter goldgelb anbraten. Die Aprikosenstreifen, Rosinen und Knoblauch dazugeben, mit Salz und Pfeffer würzen und etwa 10 Minuten bei geschlossenem Deckel dünsten lassen.

Zubereitung

Die Ente mit der Masse füllen, mit Küchenzwirn verschließen und in einem großen Bräter in heißem Öl zuerst von der Bauchseite und dann von allen Seiten anbraten. Mit heißem Wasser ablöschen und bei geschlossenem Deckel etwa 1– 1½ Stunden bei mittlerer Hitze garen lassen. Dabei immer wieder mit dem Bratensaft begießen und hin und wieder drehen.
Die Ente aus dem Topf heben, gut in Alufolie einwickeln und warm halten.
Den Reis zum Bratensatz geben, mit Safran, Salz und Pfeffer würzen und mit kochendem Wasser bedeckt bei geschlossenem Deckel gar kochen.
Die Ente aus der Folie wickeln, auf den Reis setzen und nochmals etwa 5 Minuten ziehen lassen.

Servieren

Die Ente vom Küchenzwirn befreien, auf eine Fleischplatte setzen und mit dem Reis umlegt servieren.

ZUTATEN

1 küchenfertige Ente
(1½– 2 kg)
Salz
3 kleine Zwiebeln
150 g getrocknete Aprikosen
3 Knoblauchzehen
2 El Butter
70 g Rosinen
Pfeffer
Öl
200 g Reis
Safran

GEFÜLLTE ENTE

INFO

Das Fleisch der weiblichen Ente ist saftig und aromatisch, das der Erpel ist würziger.

ATHÄHNCHEN MIT WALNÜSSEN

BRATHÄHNCHEN MIT WALNÜSSEN

Für 4 Personen
Zubereitungszeit: 15 Min./Bratzeit: 40 Min.

Vorbereitung

Das Hähnchen gründlich waschen und trockentupfen. Die Brustseite der Länge nach aufschneiden, von der Innenseite her aufklappen und auf einer Küchenplatte mit dem Fleischhammer flach klopfen. Mit Salz und Pfeffer innen und außen einreiben.
Den Knoblauch pellen und die Walnusskerne etwas zerkleinern.

Zubereitung

In einem großen Bräter – das Hähnchen muss aufgeklappt hineinpassen – die Butter erhitzen, das Brathähnchen hineinlegen und mit einem Teller beschweren. Kurz anbraten, drehen, wieder beschweren und auch auf dieser Seite anbraten. Eventuell mit etwas Wasser ablöschen und bei mittlerer Hitze etwa 25 Minuten köcheln lassen.

Den Knoblauch mit der Hälfte der Walnusskernen und etwas Salz zerreiben und mit 1 El heißem Wasser verrühren. Das Fleisch mit dieser Paste bestreichen und nochmals 10 Minuten ziehen lassen. Die restlichen Walnusskerne kurz vor Ende der Garzeit dazugeben und kurz erwärmen.

Servieren

Das Brathähnchen auf eine Platte setzen, mit dem Bratensaft und den Walnusskernen begießen und mit Petersilie bestreut servieren.

ZUTATEN

1 küchenfertiges Hähnchen
Salz
Pfeffer
4 Knoblauchzehen
8–10 Walnusskerne
3 El Butter
3 El frisch gehackte Petersilie

INFO

Gelagerte Walnusskerne erhalten das frische Aroma zurück, wenn man sie für mehrere Stunden in Milch legt.

BRATHÄHNCHEN MIT FÜLLUNG

Für 4 Personen
Zubereitungszeit: 45 Min./Bratzeit: 70 Min.

BRATHÄHNCHEN MIT FÜLLUNG

ZUTATEN

1 großes küchenfertiges
Brathähnchen
1 Bund Dill
6–8 Eier
250 ml Milch
Salz
Pfeffer
60 g Butter

INFO

Sie können der Eiermasse
auch ein eingeweichtes
Brötchen und geröstete
Speckwürfel zugeben,
dadurch wird die Füllung
fester und würziger.

Vorbereitung

Das Hähnchen gründlich
waschen und trockentupfen.
Nun die Haut vom Fleisch
lösen.
Am Hals beginnend, mit den
Fingern behutsam zwischen
Haut und Fleisch gehen und so
die Haut rundherum lösen.
Dabei müssen Sie sehr vorsichtig
vorgehen, damit die Haut nicht
reißt und die Füllung später
nicht auslaufen kann.
Den Dill waschen, trockenschütteln, die Dillspitzen fein hacken.
Für die Füllung die Eier aufschlagen und mit der Milch
verquirlen, die Dillspitzen
unterrühren und mit Salz und
Pfeffer würzen.
Den Backofen auf 200 °C
vorheizen.

Zubereitung

Die Eiermasse vorsichtig mit
einem Löffel in die vorbereitete
Hauttasche füllen und diese
sorgsam mit Küchenzwirn
zunähen.
Das Hähnchen in eine Kasserolle legen, mit Salz und Pfeffer
bestreuen, mit ausgelassener
Butter begießen und in den
Backofen geben. Nach etwa
10 Minuten etwas heißes Wasser
zugießen und etwa 60 Minuten
braten lassen.

Servieren

Das Hähnchen auf einer Platte
anrichten, den Küchenzwirn
entfernen und mit frischem
Gemüse und Salzkartoffeln
servieren.

Geschmortes Hähnchen mit Galuschki (Mehlklösschen)

Für 4 Personen
Zubereitungszeit: 25 Min./Koch- & Bratzeit: 60 Min.

Vorbereitung

Das Hähnchen waschen, trockentupfen und in kleine Stücke zerteilen.

Möhre und Zwiebel schälen und in kleine Stücke schneiden.

Einen Teig aus Mehl, Ei, 3 El Butter und etwa 200 ml Wasser kneten. Auf einer mit Mehl bestreuten Fläche etwa 15 cm lang ausrollen, etwa 1 cm große Stücke ausschneiden und diese mit den Händen zu Klößchen formen.

Zubereitung

Das Butterschmalz in einem Topf erhitzen und die Fleischstücke darin anbraten und salzen.

Möhren- und Zwiebelstücke dazugeben, kurz andünsten, die Fleischbrühe angießen und etwa 35 Minuten gar schmoren lassen.

In einem zweiten Topf Salzwasser zum Kochen bringen und die Galuschki darin gar kochen. Die Mehlklößchen in einem Sieb abtropfen lassen und mit der restlichen Butter zu dem Hühnerfleisch geben.

Das Ganze im Backofen nochmals 15 Minuten schmoren lassen.

Servieren

Geschmortes Hähnchen mit Galuschki als Hauptgericht mit einem frischen grünen Salat servieren.

ZUTATEN

1 Hähnchen
1 Möhre
1 Zwiebel
3 El Butterschmalz
Salz
500 ml Fleischbrühe

Für die Galuschki:
400 g Mehl
1 Ei
6 El Butter
Salz

GESCHMORTES HÄHNCHEN

INFO

Geflügelgerichte sind leicht bekömmlich, schmackhaft und nährstoffreich.

SALZHERINGE MIT WEISSKOHL

AAL IN SOSSE

KARPFEN MIT ZWIEBELN

FISCHFRIKADELLEN

FISCHGERICHTE

SALZHERINGE MIT WEISSKOHL

Für 4 Personen
Zubereitungszeit: 40 Min./Koch- & Backzeit: 65 Min.

ZUTATEN

1 kleiner Weißkohl (600 g)
5 El Butter
6 große Kartoffeln
Salz
2 große Zwiebeln
350 g Salzheringe
4 Scheiben Weißbrot
125 ml Milch
5 Eier
300 g saure Sahne
Pfeffer
2 El Paniermehl
80 g geriebener Käse
(Emmentaler)

Vorbereitung

Den Weißkohl halbieren, den Strunk entfernen, die Hälften in feine Streifen schneiden. Die Kohlstreifen waschen und abtropfen lassen. In einem Topf mit ausgelassener Butter bei kleiner Hitze weich dünsten.
Die Kartoffeln schälen, waschen, in Salzwasser gar kochen und durch die Kartoffelpresse drücken.
Die Zwiebeln schälen und in kleine Würfel schneiden. Die Salzheringe in sehr kleine Stücke schneiden.
Das Weißbrot in der Milch einweichen und ausdrücken.
Die Eier trennen und die Eiweiße mit etwas Salz steif schlagen.
Eine Auflaufform ausbuttern und den Backofen auf 200 °C vorheizen.

Zubereitung

Weißkohl, Kartoffeln, Weißbrot, Zwiebeln und Hering in einer Schüssel mischen. 150 g saure Sahne und die Eigelbe unter die Weißkohlmasse mischen und mit Salz und Pfeffer herzhaft würzen. Den Eischnee vorsichtig unterheben und alles in die Auflaufform füllen. Mit Paniermehl und Käse bestreuen und mit ausgelassener Butter begießen. In den Backofen geben und etwa 40 Minuten backen lassen.

Servieren

Richten Sie die Salzheringe mit Weißkohl auf Tellern an und servieren Sie die restliche saure Sahne separat dazu.

SALZHERINGE MIT WEISSKOHL

AAL IN SOSSE

Für 4 Personen
Zubereitungszeit: 20 Min./Koch- & Bratzeit: 15 Min.

ZUTATEN

1½ kg frischer küchen-
fertiger Aal (ohne Haut)
2 Eier
5 El Paniermehl
2 Zitronen
2 El Butterschmalz
2 El Butter
1 El Mehl
500 ml Fischfond
Salz
Pfeffer
2 Eigelbe

Vorbereitung

Den Aal waschen, trockentupfen und in etwa 10 cm große Stücke portionieren.

Die Eier aufschlagen, verquirlen und die Aalstücke durchziehen. Anschließend im Paniermehl wenden.

Die Zitronen waschen, schälen, entkernen und in Scheiben schneiden.

Zubereitung

Butterschmalz in einer Pfanne erhitzen. Die Aalstücke darin goldbraun braten.

In einem Topf die Butter auslassen und das Mehl darin anschwitzen, mit dem Fischfond langsam ablöschen, die Zitronenscheiben dazugeben und mit Salz und Pfeffer würzen. Das Ganze aufkochen lassen. Die Eigelbe einrühren, die Soße darf jetzt nicht mehr kochen.

Den Aal in die Soße geben und etwa 5 Minuten bei kleiner Hitze ziehen lassen.

Servieren

Den Aal auf einer Platte anrichten, mit der Soße begießen und mit Salzkartoffeln servieren.

KARPFEN MIT ZWIEBELN

Für 4 Personen
Zubereitungszeit: 20 Min./Koch- & Bratzeit: 70 Min.

Vorbereitung

Den Karpfen schuppen, falls dies noch nicht geschehen sein sollte, die Innereien entfernen, Kopf und Flossen abschneiden. Entlang der Rückengräte den Fisch teilen und portionieren. Mit Salz und Pfeffer würzen, in Mehl wälzen und in heißem Öl anbraten.

In einem Topf mit 1 l Salzwasser die Fischknochen, Kopf und Flossen aufkochen. Gewürze und Essig dazugeben und etwa 45 Minuten kochen lassen. In der Zwischenzeit die Zwiebeln schälen, in Ringe schneiden und in heißem Öl anbraten. Die Petersilie waschen, trockenschütteln und fein hacken. Den Backofen auf 200 °C vorheizen.

Zubereitung

Die Hälfte der gedünsteten Zwiebelringe in eine Kasserolle geben, die Fischstücke darauf legen und mit den restlichen Zwiebeln belegen. Den Fischsud durchseihen und darüber gießen. Das Ganze im Backofen nochmals 10 Minuten dünsten lassen.

Servieren

Den Fisch mit den Zwiebeln auf einer Platte anrichten, mit dem Fischsud begießen und mit der Petersilie bestreuen. Als Beilage passen Salzkartoffeln.

ZUTATEN

1 großer Karpfen
(etwa 1 kg)
Salz
Pfeffer
2 El Mehl
Öl zum Braten
2 Tl Zucker
2 Lorbeerblätter
3 Piment- und Pfefferkörner
4 Nelken
2 El Weißweinessig
6 mittelgroße Zwiebeln
1 Bund Petersilie

KARPFEN MIT ZWIEBELN

INFO

Frischen Fisch erkennt man an den Innenseiten der Kiemen. Diese sollten rötlich, bzw. rosarot sein. Außerdem – nur frischer Fisch riecht nicht!

FISCHFRIKADELLEN

FISCHFRIKADELLEN

Für 4 Personen
Zubereitungszeit: 35 Min./Bratzeit: 15 Min.

Vorbereitung

Den Fisch waschen, trockentupfen und grob in Stücke
schneiden.

Das Brot von der Rinde
befreien, in Wasser einweichen
und ausdrücken. Die Zwiebel
schälen und in kleine Würfel
schneiden.

Den Magerquark abtropfen
lassen.

Die Fischstücke zweimal durch
den Fleischwolf drehen und in
einer Schüssel mit Quark, Brot,
Zwiebelwürfeln, Salz und
Pfeffer vermengen.

Ein Backblech einfetten oder mit
Backpapier belegen. Den Backofen auf 220 °C vorheizen.

Zubereitung

Mit feuchten Händen aus der
Fischmasse nicht zu große
Frikadellen formen und diese in
Mehl wälzen. Die Frikadellen
auf das Backblech legen, mit
zerlassener Butter begießen und
im Backofen etwa 15 Minuten
backen lassen.

Servieren

Servieren Sie die Fischfrikadellen zu Bratkartoffeln und
einem frischen grünen Salat.

ZUTATEN

500 g Fischfilet (Dorsch,
Kabeljau oder Seehecht)
3 Scheiben Weißbrot
(vom Vortag)
1 große Zwiebel
350 g Magerquark
Salz
Pfeffer
3 El Mehl
4 El Butter

INFO

Fisch ist reich an Mineral-
stoffen und Spurenelementen
und enthält hohe Anteile an
Vitamin A, B, C und D.

81

Weincreme

Apfelkompott mit Pflaumen

Sahneschaumspeise

Apfelcharlotte

Aprikosenschaum

Kirschauflauf

mit Madeiraschaumsosse

SÜSSSPEISEN

WEINCREME

WEINCREME

Für 4 Personen
Zubereitungszeit: 20 Min. (ohne Kühlzeit)/Kochzeit: 5 Min.

Vorbereitung

Die Eigelbe mit 100 g Zucker schaumig schlagen. Im Wasserbad den Wein mit der Eimasse zu einer dicken Creme schlagen. Die Sahne mit dem restlichen Zucker steif schlagen. Die Gelatine auflösen.

Zubereitung

Die Creme vom Herd nehmen und mit der aufgelösten Gelatine durch ein Haarsieb gießen und erkalten lassen. Dabei mehrmals durchrühren.
Kurz vor dem Gelieren die steif geschlagene Sahne vorsichtig unterrühren.
Die Weincreme in Dessertschüsseln füllen und kühl stellen.

Servieren

Die Weincreme gut gekühlt mit Zitronenmelisse garniert servieren.

ZUTATEN

4 Eigelbe
125 g Zucker
250 ml Weiß- oder Rotwein (Likörwein)
365 ml Schlagsahne
6 Blätter Gelatine
Einige Zitronenmelisseblätter

INFO

Wer mag, kann der Weincreme noch eine Sahnehaube aufsetzen.

APFELKOMPOTT MIT PFLAUMEN

Süßspeisen

Für 4 Personen
Zubereitungszeit: 20 Min./Kochzeit: 20 Min.

APFELKOMPOTT MIT PFLAUMEN

ZUTATEN

5–6 große Äpfel
1 Beutel Vanillezucker
1 Zimtstange
300 g Pflaumen
200 g Zucker
100 ml geschlagene
süße Sahne

Vorbereitung

Die Äpfel schälen, vierteln, vom Kerngehäuse befreien und in wenig Wasser unter Zugabe des Vanillezuckers und der Zimtstange weich dünsten.

Die Pflaumen waschen, halbieren, die Kerne entfernen und in sehr wenig Wasser und 1 El Zucker nicht zu weich kochen lassen.

Zubereitung

Die Äpfel aus dem Topf heben, in eine Schüssel geben, den Apfelsud beiseite stellen. Die Zimtstange entfernen.

Die Pflaumen auf den Apfelkompott geben und abkühlen lassen.

Den Apfelsud mit Zucker dick einkochen lassen und über das Kompott geben.

Servieren

Das abgekühlte Apfelkompott mit Pflaumen in Dessertschalen füllen und mit einer Sahnehaube garniert servieren.

SAHNESCHAUMSPEISE

SAHNESCHAUMSPEISE

Für 4 Personen
Zubereitungszeit: 15 Min./Koch- & Backzeit: 10 Min.

ZUTATEN

250 ml saure Sahne
3 El Mehl
3–4 Eier
150 g Zucker
1 Tl Butter
Puderzucker

Vorbereitung

Die saure Sahne mit dem Mehl in einem Topf verrühren und unter ständigem Rühren bei kleiner Hitze zum Kochen bringen. Nicht anbrennen lassen! Den Topf vom Herd nehmen und die eingedickte Sahne abkühlen lassen.
Die Eier trennen und die Eiweiße unter Zugabe von etwas Zucker steif schlagen.
Eine Auflaufform einfetten und den Backofen auf 180 °C vorheizen.

Zubereitung

Eigelbe und Zucker schaumig schlagen und unter die abgekühlte Sahne ziehen. Den Eischnee vorsichtig unterheben und alles in die Auflaufform füllen.
Im Backofen etwa 5 Minuten überbacken.

Servieren

Die Sahneschaumspeise mit Puderzucker bestreut servieren.

INFO

Die Nachspeise kann auch mit eingelegtem Obst oder Konfitüre serviert werden.

APFELCHARLOTTE

APFELCHARLOTTE

Für 4 Personen
Zubereitungszeit: 30 Min./Koch- & Backzeit: 70 Min.

Vorbereitung

Die Äpfel waschen, schälen, vom Kerngehäuse befreien und in Streifen schneiden. In einem Topf 50 g Butter auslassen und die Apfelstreifen darin mit dem Zucker und dem Rum weich dünsten.

Die Brötchen längs in nicht zu dicke Scheiben schneiden. Die Milch mit den Eigelben verquirlen und die Hälfte der Brötchen in der Eiermilch anfeuchten. Eine feuerfeste Form ausbuttern und den Boden mit den feuchten Brötchenscheiben auslegen und diese aufrecht an den Rand stellen. Einen Teil der Brötchenscheiben in Würfel schneiden, in heißer Butter anrösten und erkalten lassen. Die restlichen Brötchenscheiben beiseite stellen.

Zubereitung

Die Apfelmasse mit den gerösteten Brotwürfeln mischen und in die Form füllen. Mit den restlichen Brotscheiben vollständig bedecken und mit Butterflocken belegen.

Die Apfelcharlotte bei 120 °C etwa 60 Minuten backen lassen.

Servieren

Die Charlotte stürzen und warm oder kalt mit Fruchtsirup oder geschlagener Sahne servieren.

ZUTATEN

500 g Äpfel
200 g Butter
150 g Zucker
3 El Rum
5 altbackene Brötchen
125 ml Milch
2 Eigelbe

INFO

Es gibt viele schmackhafte Apfelsorten. Für Kuchen, Aufläufe und auch für Kompott eignet sich jedoch der Boskop am besten. Denn durch sein säuerliches Aroma ist er besonders schmackhaft.

APRIKOSENSCHAUM

APRIKOSENSCHAUM

Für 4 Personen
Zubereitungszeit: 20 Min./Koch- & Backzeit: 20 Min.

ZUTATEN

500 g reife Aprikosen
4 Eiweiße
100 g Zucker
1 Tl Butter
1 El Semmelbrösel
Etwas Zitronensaft
Puderzucker

Vorbereitung

Die Aprikosen waschen, halbieren, die Kerne entfernen, in wenig kaltem Wasser ansetzen und weich kochen lassen.
Die Eiweiße mit etwas Zucker steif schlagen.
Eine Auflaufform ausbuttern und mit den Semmelbröseln ausstreuen. Den Backofen auf 180 °C vorheizen.

Zubereitung

Die gekochten Aprikosen durch ein Sieb streichen und mit dem restlichen Zucker und Zitronensaft verrühren. Den Eischnee vorsichtig unterheben. Das Ganze in die Auflaufform füllen und im Backofen 10 Minuten backen lassen.

Servieren

Den Aprikosenschaum in Dessertschalen füllen und mit Puderzucker bestreut servieren.

INFO

Verwenden Sie ausschließlich reife Aprikosen, da nur die reife Frucht eine angenehme Süße hat.

KIRSCHAUFLAUF MIT MADEIRASCHAUMSOSSE

Für 4 Personen
Vorbereitungszeit: 15 Min./Koch- & Backzeit: etwa 30–40 Min.

Vorbereitung

Die Eier trennen. Die Eiweiße mit einer Prise Zucker steif schlagen.

Das Schwarzbrot im Mixer fein hacken.

Die Eigelbe mit 50 g Butter und dem restlichen Zucker schaumig schlagen. Schwarzbrot, Mandeln, Mehl und Zimt kräftig unterrühren. Den Eischnee vorsichtig unterheben.

Die Kirschen in einem Sieb abgießen, der Saft wird nicht benötigt.

Eine Auflaufform ausbuttern und den Backofen auf 180 °C vorheizen.

Zubereitung

Etwas von der Eiermasse in die Auflaufform füllen, so dass der Boden ganz bedeckt ist, und die Masse im Backofen leicht bräunen lassen. Einen Teil der Kirschen darauf verteilen und mit einem Teil Teig bedeckt erneut im Backofen Farbe an-

nehmen lassen. Dies so lange wiederholen, bis alle Zutaten verbraucht sind. Die letzte Schicht sollte aus Teig bestehen.

Für die Soße Eigelbe, Eier und Zucker im Wasserbad cremig schlagen. Darauf achten, dass das Wasser nicht kocht, da die Eier sonst zu Rühreiern werden. Madeira und Zitronensaft nach und nach unterrühren und so lange weiterrühren, bis die Soße eine schaumige Konsistenz erlangt hat.

Servieren

Die warme Soße auf Dessert-tellern verteilen, den Kirsch-auflauf darauf setzen und mit den Mandelblättchen bestreut servieren.

ZUTATEN

5 Eier
300 g Zucker
50 g getrocknetes Schwarzbrot
60 g weiche Butter
50 g geriebene Mandeln
6 El Mehl
1 Msp. Zimt
400 g Sauerkirschen aus dem Glas
2 El geröstete Mandelblättchen

Für die Soße:
3 Eigelbe
2 Eier
120 g Zucker
125 ml Madeira
Saft von ½ Zitrone

KIRSCHAUFLAUF

INFO

Die Kirschen können im Sommer auch frisch sein. Auch andere Obstsorten wie Aprikosen, Pflaumen oder Pfirsiche sind sehr gut geeignet für dieses süße Auflaufgericht.

REGISTER